Daniel Simmank

# Navigationskonzepte in Business Intelligence Systemen am Beispiel eines Krankenhauses

GRIN Verlag

**Bibliografische Information der Deutschen Nationalbibliothek:**

Die Deutsche Bibliothek verzeichnet diese Publikation in der Deutschen National-
bibliografie; detaillierte bibliografische Daten sind im Internet über http://dnb.d-
nb.de/ abrufbar.

**Impressum:**

Copyright © 2012 GRIN Verlag GmbH
Druck und Bindung: Books on Demand GmbH, Norderstedt Germany
ISBN: 978-3-656-33308-1

**Dieses Buch bei GRIN:**

http://www.grin.com/de/e-book/206131/navigationskonzepte-in-business-intelli-
gence-systemen-am-beispiel-eines

**GRIN - Your knowledge has value**

Der GRIN Verlag publiziert seit 1998 wissenschaftliche Arbeiten von Studenten, Hochschullehrern und anderen Akademikern als eBook und gedrucktes Buch. Die Verlagswebsite www.grin.com ist die ideale Plattform zur Veröffentlichung von Hausarbeiten, Abschlussarbeiten, wissenschaftlichen Aufsätzen, Dissertationen und Fachbüchern.

**Besuchen Sie uns im Internet:**

http://www.grin.com/

http://www.facebook.com/grincom

http://www.twitter.com/grin_com

AKAD
HOCHSCHULEN

# Navigationskonzepte in Business Intelligence Systemen am Beispiel eines Krankenhauses

## Projektbericht

Daniel Simmank, Studiengang Wirtschaftsinformatik B.Sc.

Juni 2012

# Inhaltsverzeichnis

# Abbildungsverzeichnis

# Anlagenverzeichnis

# Abkürzungsverzeichnis

BI          Business Intelligence

DRG         Diagnosis Related Group (dt. Diagnosebezogene Gruppe)

KIS         Klinik-Informationssystem

SKGR        Städt. Klinikum Görlitz gGmbH

# 1 Einleitung

## 1.1 Ausgangssituation

Aufgrund des zunehmenden Wettbewerbs und einer steigenden Umweltdynamik müssen Unternehmen fortlaufend ihre Wirtschaftlichkeit verbessern, um ihre Existenz zu sichern. Die Wirtschaftlichkeit wird dabei maßgeblich von der Qualität der Entscheidungen bestimmt, welche die Unternehmen treffen, weswegen Informationen als ein wichtiger Erfolgsfaktor im betrieblichen Leistungserbringungsprozess angesehen werden (vgl. Lehner, 2009, S. 12ff).

Um hochqualitative Entscheidungen treffen zu können, benötigen Unternehmen eine solide Informationsgrundlage, auf der diese basieren. Die Informationsgrundlage beruht zumeist auf dem umfangreichen Datenmaterial, welches sich aus der Geschäftstätigkeit der Unternehmen ergibt und um zusätzliche Informationen angereichert wird (z.b. interne Planzahlen oder Benchmarkdaten). Hieraus entsteht ein Problem für die Unternehmen, da die Komplexität sowie der Umfang der Daten in der heutigen, IT-durchdrungenen Welt enorm sind. Eine wichtige Aufgabe in Unternehmen besteht darin, die vorliegenden Daten in einer Form aufzubereiten, die es den Entscheidungsträgern im Unternehmen ermöglicht, hochqualitative kurz- und langfristige Entscheidungen zu treffen. Viele, v.a. kleine Unternehmen, versuchen dieser Problemstellung mithilfe von einfachen Tabellenkalkulationsprogrammen gerecht zu werden. Diese erreichen aufgrund der hohen Komplexität der Daten meist sehr schnell ihre Grenzen. Für die Unternehmen kann dies eine große Gefahr darstellen, da eine Fehlentscheidung, die auf Basis mangelhafter oder gar falscher Informationen getroffen wurde sehr schnell existenzbedrohend werden kann.

Es ist daher nicht verwunderlich, dass seitens der Unternehmen schnell der Wunsch nach leistungsfähigen Softwareanwendungen entstand, welche die Daten zusammenhängend auswerten und in anspruchsvoller Weise aufbereiten können. Wie hoch das Interesse der Unternehmen in den letzten Jahren war, zeigt auch eine

Analyse des Business Application Research Centers (BARC), aus welcher hervorgeht, dass der Gesamtumsatz im Jahr 2010 auf dem Markt für entsprechende Auswertungssysteme auf 942 Mio. Euro stieg (9% Anstieg zum Vorjahr). Weiterhin wird davon ausgegangen, dass das Marktvolumen im Jahr 2011 um weitere 15% gestiegen ist (vgl. BARC, 2011). Der Gesamtmarkt für Anwendungssoftware, Systemsoftware sowie Tools stieg im Jahr 2010 lediglich um 2,4% auf 14,6 Mrd. Euro (vgl. Fritsch, 2011). Es ist festzuhalten, dass der Markt für Auswertungssysteme ein überdurchschnittlich hohes Wachstum hatte.

Eine Stagnation dieses Aufwärtstrends ist in der nahen Zukunft nicht abzusehen, da aufgrund steigender Automatisierung und IT-Unterstützung die Datenmenge in Unternehmen kontinuierlich wächst und sich der Wettbewerb weiterhin zuspitzen wird. Eine Abnahme des Interesses ist aktuell ebenfalls nicht absehbar, was diese Problemstellung zu einem sehr aktuellen Thema macht.

Die Tatsache, dass auch Krankenhäuser von diesem Trend nicht verschont bleiben, belegt eine Studie der dualen Hochschule Baden-Württemberg. Im Rahmen dieser Studie wurde analysiert, wie stark sich Krankenhäuser unterschiedlicher Größen bereits effizienter Controlling-Instrumente (wie z.B. IT-gestützte Berichtssysteme) bedienen. Im Ergebnis der Studie zeigte sich, dass Krankenhäuser bereits heute, unabhängig von ihrer Trägerschaft, sehr umfangreiche Controlling-Instrumente einsetzen. V.a. die Berichterstattung im Hinblick auf medizinische Daten, sowie Berichte zum Erfolg der Kliniken spielen für die Häuser eine wichtige Rolle. (Crasselt, Heitmann, & Maier, 2012, S. 5ff)

Auch die Städtische Klinikum Görlitz gGmbH (SKGR) sieht sich mit diesem Problem konfrontiert (detaillierte Unternehmensbeschreibung in Kapitel 3.1). Der Autor dieser Arbeit ist in der Controllingabteilung dieses Unternehmens angestellt und hat im Rahmen seiner Tätigkeit ein System für das Unternehmen entwickelt, mit dem es möglich ist, die vorliegenden Daten nach betriebswirtschaftlichen Gesichtspunkten zu analysieren. Dieses System ist Betrachtungsgegenstand dieser Arbeit.

## 1.2 Fragestellung

Das Auswertungssystem der SKGR wurde im Jahr 2004 eingeführt und seitdem kontinuierlich weiterentwickelt. Durch diese Weiterentwicklung wurde die Navigation in diesem System aufgrund der großen Datenmenge stellenweise unübersichtlich. Der ursprüngliche Anspruch, eine intuitiv nutzbare Anwendung für die Mitarbeiter bereitzustellen, ist damit nicht mehr erfüllt.

Im Rahmen dieser Arbeit soll mithilfe von wissenschaftlichen Methoden die Tauglichkeit des Navigationskonzeptes des eingesetzten Systems untersucht werden. Basierend auf dieser Analyse soll anschließend ein Konzept abgeleitet werden, welches die Probleme der eingesetzten Anwendung umgeht. Es soll nicht Anspruch dieser Arbeit sein, ein vollständiges System vorzustellen, sondern lediglich ein Konzept für ein solches System zu präsentieren. Weiterhin soll dieses Konzept den Ansprüchen des betrachteten Unternehmens genügen. Das Auffinden einer allgemeingültigen, branchenübergreifenden Lösung ist nicht Ziel dieser Arbeit. Des Weiteren ist es nicht Anspruch dieser Arbeit, die technische Realisation des vorgeschlagenen Konzeptes detailliert darzustellen, da dies zu umfangreich wäre.

## 1.3 Vorgehensweise

Um die, in Kapitel 1.2 genannte Fragestellung zu beantworten, werden in Kapitel 2 zunächst die nötigen theoretischen Grundlagen erläutert. Ziel dieser Erläuterungen soll es sein, das nötige Grundverständnis für das weitere praktische Vorgehen zu vermitteln. Weiterhin soll auch erläutert werden, warum diverse Abgrenzungen im Rahmen dieser Arbeit getroffen wurden.

Im Kapitel 3 soll anschließend der derzeitige Stand genauer analysiert werden. Hierzu werden mithilfe wissenschaftlicher Methoden die Defizite des bestehenden Systems analysiert. Um dieses Ziel zu erreichen wird zunächst das betrachtete Unternehmen genauer vorgestellt. Anschließend findet eine Erläuterung der verwendeten Methodik zur Analyse statt, bevor diese angewandt wird, um das bestehende System zu beurteilen.

Basierend auf den Ergebnissen der Ist-Analyse wird anschließend im Kapitel 4 ein Konzept entworfen, welches die ermittelten Nachteile des bestehenden Systems behebt um den Nutzern ein möglichst optimales Navigationskonzept zur schnellen Auffindung von relevanten Informationen bereitzustellen.

Das ermittelte Konzept und das angewandte Vorgehen werden anschließend in Kapitel 5 dieser Arbeit kritisch  gewürdigt. Abschließend erfolgt in Kapitel 6 eine kurze Zusammenfassung der wesentlichen Aspekte dieser Arbeit.

# 2  Grundlagen

## 2.1  Business Intelligence Systeme

Systeme, welche Unternehmen zur Entscheidungsfindung einsetzen, werden gemeinhin als Business Intelligence (BI) Systeme bezeichnet. In der Literatur findet sich keine einheitliche Definition für den Begriff der BI-Systeme. Nachfolgend wird erläutert, was im Rahmen dieser Arbeit unter BI zu verstehen ist.

„Business Intelligence ist die entscheidungsorientierte Sammlung, Aufbereitung und Darstellung geschäftsrelevanter Informationen." (Schrödl, 2006, S. 12)

Die häufig verwendete Definition von Schrödl betrachtet ein weites Feld von Systemen, da sie einen wenig einschränkenden Charakter hat. So könnten auch Dokumente aus Tabellenkalkulationsprogrammen, welche der Unterstützung operativer Entscheidungen dienen, als BI angesehen werden, da diese alle von Schrödl geforderten Kriterien erfüllen. Aus Sicht des Autors ist es daher wichtig, den Betrachtungsraum hier weiter einzuschränken.

Im Rahmen dieser Arbeit wird der Definitionsbereich auf solche Systeme einge-schränkt, welche der Vorbereitung strategischer (langfristiger) Entscheidungen dienen und die hierzu große Datenvolumen benötigen. Diese Einschränkung wird getroffen, da operative (kurzfristige) Entscheidungen i.d.R. direkt in den operativen Anwendungssystemen getroffen werden (etwa bei der Entscheidung, von welchem Lieferanten ein bestimmtes Material geliefert werden soll). Aufgrund dessen ist für derartige Entscheidungen kein gesondertes BI System nötig. Zwar besteht die Möglichkeit, in einem BI-System auch Analysemöglichkeiten zur Unterstützung bzw. zur Qualitätskontrolle der operativen Entscheidungen zu ermöglichen, doch sollten diese ehern sekundären Charakter haben.

Eine weitere wichtige Einschränkung besteht darin, dass BI-Systeme dynamische Berichte zur Verfügung stellen müssen. Dynamische Berichte sind solche, bei denen die Berichtsdaten mithilfe von diversen Navigationselementen nach Wunsch des

Anwenders gefiltert bzw. aggregiert[1] werden können. Das Gesamtkonzept, welches die Positionierung und Funktionalität der einzelnen Navigationselemente beschreibt, wird als Navigationskonzept bezeichnet. Gegenstück zu den dynamischen Berichten stellen statische Berichte dar, deren Inhalt sich dem Nutzer in unveränderlicher Form präsentieren. Diese beinhalten keine Möglichkeit der Navigation und sind demzufolge auch nicht Untersuchungsgegenstand dieser Arbeit. (vgl. Engels, 2009, S. 58)

## 2.2  Operationen in BI-Systemen

Um den Entscheidungsträgern im Unternehmen die nötigen Daten für den Entscheidungsfindungsprozess zu präsentieren, müssen die BI-Systeme eine Vielzahl von verschiedenen Operationen beherrschen. Diese werden im Folgenden kurz vorgestellt, um ein besseres Verständnis für die Navigationselemente des Systems zu vermitteln.

Allgemein beziehen BI-Systeme ihre Daten aus den Datenbanken der operativen Systeme eines Unternehmens. Diese zeichnen sich i.d.R. dadurch aus, dass jede Transaktion einzeln abgespeichert wird. So wird z.B. jede Behandlung eines Patienten als einzelner Datensatz in der Datenbank gespeichert. Eine Analyse dieser Daten gestaltet sich als überaus schwierig, da v.a. bei großen Datenvolumen nicht jeder Datensatz einzeln analysiert werden kann. Aufgrund dessen werden die Daten in BI-Systemen gemeinhin aggregiert. Als Ergebnis dieser Aggregation kann entweder eine Zahl oder eine gruppierte Liste geliefert werden (z.B. Gesamtgewinn oder auch eine Liste mit dem Gewinn nach Krankheitsbild).

Problematisch an der Aggregation ist, dass die Nutzer des Systems allein mit hochgradig aggregierten Werten nicht arbeiten können, da diese zwar als Indikator für bestimmte Sachverhalte dienen können, aber eine Analyse der Gründe dieser damit nicht möglich ist. Aufgrund dessen werden die Daten in BI-Systemen in Hierarchien organisiert, die u.U. auch multidimensional organisiert sein können.

---

[1] Aggregierung = Verdichtung von Daten unter Zuhilfenahme diverser Rechenoperationen wie z.B. der Summierung oder Zählung von Elementen.

Somit hat der Nutzer die Möglichkeit, die Daten welche ihm präsentiert werden, nach mehreren Kriterien gleichzeitig zu filtern. Eine solche vereinfachte, multidimensionale Hierarchie wird beispielhaft in Abbildung 1 dargestellt.

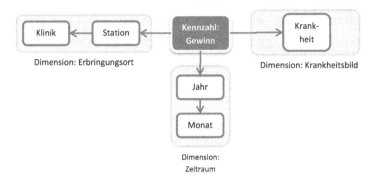

*Abbildung 1 - Multidimensionale Datenhierarchie*

Die Kennzahl „Gewinn" kann hierbei nach den 3 Dimensionen Zeitraum, Erbringungsort und Krankheitsbild gefiltert werden. Wie zu erkennen ist, müssen die Dimensionen nicht immer die gleiche Granularität aufweisen. So kann z.B. der Gewinn für ein einzelnes Jahr, oder nur für einen konkreten Monat eines Jahres angezeigt werden, während das Krankheitsbild nur eine Hierarchieebene hat.

Allgemein hat der Nutzer hierbei mehrere Möglichkeiten zur Navigation in den Daten. Navigiert er von aggregierten Daten zu Detaildaten, spricht man von einem Drill-Down, umgekehrt von einem Roll-Up bzw. Drill-Up, wenn von Detaildaten wieder zu aggregierten Daten gewechselt wird. Der Drill-Down ist nur soweit möglich, wie auch die Daten in detaillierter Form vorliegen. D.h., dass die unterste Ebene welche durch einen Drill-Down erreicht werden kann, die einzelne Transaktion ist, welche in den operativen Systemen gespeichert wurde. Eine weitere Navigationsoperation stellt der Drill-Across dar, bei dem nicht in den Dimensionen navigiert wird, sondern die betrachtete Kennzahl ausgetauscht wird. Im Beispiel würde dies bedeuten, dass der Nutzer zwar die Filter beibehält, die er für die Dimensionen Zeitraum, Erbringungsort und Krankheitsbild gesetzt hat, aber die Kennzahl von „Gewinn" in eine andere ändern würde, wie z.b. in die Anzahl der behandelten Patienten. (vgl. Hägele, 2004, S. 9f)

Es ist durchaus möglich, mehrere Informationen gleichzeitig darzustellen. So können z.b. mehrere Kennzahlen gleichzeitig für die gleichen Filtereinstellungen angezeigt werden.

# 3 Ist Analyse

Im Rahmen dieses Kapitels soll ein BI-System vorgestellt und analysiert werden, welches in der unternehmerischen Praxis eingesetzt wird. Hierzu wird zunächst das Unternehmen vorgestellt, welches das System verwendet um ein besseres Verständnis für eventuelle Einschränkungen zu vermitteln. Nachfolgend werden mögliche Bewertungskriterien für die Navigation eines BI-Systems ermittelt. Anhand dieser Bewertungskriterien soll anschließend das BI-System beurteilt werden, um die Schwachstellen dieses Systems aufzuzeigen.

## 3.1 Das betrachtete Unternehmen

Die SKGR ist ein Schwerpunktkrankenhaus in Ostsachsen. Sie beschäftigte im Jahr 2011 insgesamt 1.205,0 Vollkräfte (darunter 160,2 im ärztlichen und 357,1 im Pflegedienst), welche 24.845 Fälle im stationären und 38.297 im ambulanten Bereich behandelten. Die Bilanzsumme des Unternehmens betrug zum 31.12.2011 insgesamt 115,4. Mio. Euro und es wurden im Jahr 2011 Erträge i.H.v. 90,2 Mio. Euro erwirtschaftet. Der stationäre Bereich macht hierbei mit einem Ertragsvolumen von ca. 81,1 Mio. Euro den größten Teil der Umsätze des Unternehmens aus, weswegen er Hauptbetrachtungsgegenstand des BI-Systems ist. Die Organisation im Unternehmen hat einen divisionalen Charakter. Die 16 bettenführenden Fachkliniken werden von je einem Chefarzt geführt. Da die Fachkliniken eigenverantwortlich für die Erwirtschaftung eines positiven Ergebnisses sind, können diese als Profitcenter angesehen werden. Aufgrund dessen besteht auch seitens der Chefärzte ein großes Interesse an einer zeitnahen und zugänglichen Informationsbereitstellung. (vgl. SKGR, 2011, S. 39ff)

Das Gesamtunternehmen wird von einer kaufmännischen Geschäftsführerin geleitet. Die höchste Instanz in medizinischen Angelegenheiten ist jedoch der medizinische Direktor des Hauses. Gemeinsam obliegt diesen beiden Instanzen die Aufgabe, das Unternehmen möglichst effizient zu führen. Um dieses Ziel zu erreichen werden diese Instanzen von administrativen Bereichen mit Informationen versorgt. Einer dieser Bereiche, ist das Controlling, welches ein Sachgebiet der Abteilung Rechnungswesen ist. Aufgabe dieses Bereichs ist die Bereitstellung von finanziellen Kennzahlen für das leitende Personal des Hauses.

## 3.2 Eingesetzte Methoden

Zur Untersuchung des Systems werden diverse Anforderungen an Navigationskonzepte zusammengetragen. Diese Anforderungen ergeben sich aus der Literatur, zum Teil aber auch aus den Erfahrungen des Autors. Mithilfe dieser Anforderungen soll untersucht werden, inwiefern sich die einzelnen eingesetzten Navigationselemente zur Präsentation von Daten in einem BI-System eignen und wo ggf. noch Verbesserungsbedarf besteht. Um eine strukturierte Analyse des aktuellen Ist-Zustandes zu ermöglichen, werden die einzelnen Kriterien in einem Kriterienkatalog festgehalten.

Im Abschnitt 3.3 werden hierzu die einzelnen Kriterien detailliert erläutert. Anhand der beschriebenen Kriterien findet anschließend eine Bewertung des Systems statt. Hierzu werden die Vor- und Nachteile, basierend auf den Erfahrungen des Autors welche sich u.a. auch aus Kritik der Nutzer des Systems ergeben, ermittelt und es wird daraus ein Erfüllungsstand abgeleitet. Weiterhin werden die dargestellten Kriterien gewichtet, da sie nach Meinung des Autors nicht im gleichen Maße den Erfolg eines BI-Systems prägen. Das Ergebnis dieser Bewertung wird in Kapitel 3.4 zusammengefasst dargestellt und es wird ein Stärken- / Schwächen-Profil des bestehenden Systems abgeleitet. Um die Subjektivität des verwendeten Verfahrens zu reduzieren, wurde die Bewertung in einem Expertengespräch mit dem kaufmännischen Direktor der SKGR, Herrn Dipl.-Kfm. Thomas Lieberwirth und der Leiterin des Controllings der SKGR, Frau Gerlinde Seifarth, abgesprochen und auf ihre Korrektheit untersucht.

## 3.3 Bewertungskriterien

Die Hauptanforderungen an die Gestaltung von Dialogen aller Software-Systeme ergeben sich zunächst aus den sieben Grundsätzen der EN ISO 9241-110 (vgl. Hofmann, 2008):

- Aufgabenangemessenheit
- Selbstbeschreibungsfähigkeit
- Lernförderlichkeit
- Steuerbarkeit
- Erwartungskonformität
- Individualisierbarkeit
- Fehlertoleranz

Im Folgenden werden diese Grundsätze näher erläutert und in Kontext zu Navigationskonzepten in BI-Systemen gestellt. Weiterhin werden die Grundsätze als Gruppierung im vollständigen Kriterienkatalog genutzt, um die einzelnen Kriterien strukturierter darzustellen.

*Aufgabenangemessenheit*

„Ein interaktives System muss seinen Benutzer dabei unterstützen, seine Aufgabenziele vollständig, korrekt und mit einem vertretbaren Aufwand und zur Arbeitsaufgabe passenden Dialogschritten zu erledigen. Dieser Grundsatz wird kurz als Aufgabenangemessenheit bezeichnet." (vgl. Hofmann, 2008)

Wird dieser Grundsatz auf ein BI-System projiziert, ergibt sich hieraus die Forderung, dass der Nutzer eine gewünschte Information mit möglichst wenigen Schritten finden kann. Die Dialoge im System müssen derart gestaltet sein, dass der Navigationspfad, der zur gewünschten Information führt sehr schnell ersichtlich ist. Ein wichtiger Punkt der sich hieraus ableiten lässt, besteht darin, dass Informationen die für den Anwender eine hohe Brisanz haben, sofort ersichtlich sein müssen. Weniger relevante Informationen, die nur in Ausnahmefällen benötigt werden,

11

sollten dennoch mit nur wenigen Schritten gefunden werden können. Es ist wichtig, dass die Informationen, welche für einen konkreten Nutzer als brisant angesehen werden, genauestens definiert sind. Andernfalls besteht die Gefahr, dass dem Nutzer zu viele Informationen gleichzeitig angezeigt werden. Dadurch kann es ihm u.U. schwer fallen, wirklich relevante Informationen von unwichtigen zu unterscheiden (vgl. Pijpers, 2010, S. 20). Aufgrund dessen macht es Sinn, dem Nutzer stark aggregierte Informationen zu präsentieren, ihm aber eine individuelle Detailanalyse zu ermöglichen.

Dieser Aspekt hat eine hohe betriebswirtschaftliche Relevanz. Sucht beispielsweise ein Manager oder Chefarzt sehr lange nach einer konkreten Information oder sieht sich einer langen Antwortzeit gegenüber, verliert er viel Zeit, die er u.U. an anderer Stelle nutzbringender hätte einsetzen können. Dies hat auch einen großen Einfluss auf das Verhalten der Nutzer, da somit schnell eine große Antipathie gegen die Software erwachsen kann, welche dazu führen kann, dass der Anwender sie nicht mehr benutzt. Gerade bei einem BI-System kann dies schwerwiegende Folgen nach sich ziehen, da viele Entscheidungen nicht mehr auf Fakten basieren. Auch ein schlechtes Antwortzeitverhalten der Software kann dies verursachen.

*Selbstbeschreibungsfähigkeit*

Diese Anforderung beschreibt, dass dem Nutzer ohne langes Überlegen seine Interaktionsmöglichkeiten mit dem System bewusst sein müssen. Einerseits wird hierunter verstanden, dass für ihn die Funktion einzelner Bedienelemente sofort ersichtlich sein muss, andererseits muss für ihn aber auch ersichtlich sein, an welcher Stelle innerhalb des Programms er sich befindet. (vgl. Hofmann, 2008) Aus dieser Forderung ergibt sich eine starke Korrelation mit der Forderung nach Aufgabenangemessenheit, da das Auffinden des Weges zu einer konkreten Information auch voraussetzt, dass dem Anwender bewusst ist, welche Navigationselemente ihn bei der Beschreitung dieses Weges unterstützen.

Ein weiterer wichtiger Punkt in einem BI-System stellt die Visualisierung von Problemsituationen dar. Hierunter versteht man gemeinhin, dass der Nutzer auf auffällige Werte aufmerksam gemacht wird. Wird z.B. bei einem bestimmten Parameter ein gewisser Grenzwert überschritten, muss dies für den Nutzer umgehend ersichtlich sein. Es muss jedoch beachtet werden, dass diese Meldung wirklich nur dann erfolgt, wenn tatsächlich eine kritische Situation besteht. Erscheint ein solcher Hinweis bei weniger bedeutsamen Sachverhalten, kann der Nutzer sein Verhalten dahingehend ändern, dass er solche Hinweise ignoriert.

## Lernförderlichkeit

Neben der Zeit, die ein Nutzer bei der Nutzung eines Programmes benötigt, ist auch die Zeit zum Erlernen des Umgangs mit der Software eine wichtige betriebswirtschaftliche Größe. Gerade bei umfangreichen Anwendungen kann der Schulungsaufwand für die Mitarbeiter enorm sein. Daher ist es wichtig, den Anwendern eine möglichst intuitive Oberfläche zu bieten, welche mit einem minimalen Lernaufwand beherrscht werden kann. Konkret bedeutet dies, dass eine einmalige Schulung der Mitarbeiter ausreichen muss, um sie zu befähigen, den vollen Funktionsumfang des Systems zu nutzen.

Um zu gewährleisten, dass der Nutzer das System möglichst schnell versteht, wird eine hohe Homogenität des Systems vorausgesetzt. Sind alle Teile des Systems ähnlich strukturiert, reicht es aus, dem Nutzer einen Teil des Systems zu erläutern. Die Funktionalität der anderen Berichte kann er sich dann aus seinem Wissen intuitiv herleiten.

„Ein Dialog ist steuerbar, wenn der Benutzer in der Lage ist, den Dialogablauf zu starten sowie seine Richtung und Geschwindigkeit zu beeinflussen, bis das Ziel erreicht ist." (Handbuch Usability, 2007a)

Hiermit wird gefordert, dass der Nutzer eine möglichst umfangreiche Kontrolle über die Funktionalität des Systems hat. Dies ist z.b. gegeben, wenn er im System eine umfangreiche Abfrage gestartet hat, die mehrere Minuten zur Erledigung benötigt. Hat er die Möglichkeit, diese Abfrage abzubrechen, hat er eine bessere Kontrolle über das System. Auch das Zurücksetzen von Formularen erleichtert das Arbeiten mit einem System ungemein. Weiterhin muss in einem BI-System die Möglichkeit sichergestellt werden, dass bei der Steuerung keine Informationen über bereits ausgewählte Parameter verlorengehen. Sieht sich ein Nutzer z.b. einen Bericht für einen konkreten Zeitraum an, sollte sichergestellt werden, dass der nächste Bericht den er aufruft, für den gleichen Zeitraum gilt. Ausgewählte Parameter sollten also einen globalen Gültigkeitscharakter haben, der für eine gesamte Sitzung gilt. Dennoch muss der Nutzer die Möglichkeit haben, diese Parameter jederzeit zu ändern.

Neben diesen Grundanforderungen stellen sich weitere Bedingungen, die v.a. in BI-Systemen eine hohe Bedeutung haben. So muss dem Nutzer z.b. die Möglichkeit gegeben werden, tabellarische Berichte beliebig zu sortieren. Bei dem konkreten betrachteten System ergibt sich weiterhin die Schwierigkeit, dass es sich um eine Anwendung handelt, welche auf Web-Technologie basiert. Diese Anwendung wird daher in einem Web-Browser angezeigt, der von Haus aus eigene Navigationsele-mente mitbringt, wie z.b. einen „Zurück"-Button. Die meisten Nutzer haben aufgrund ihrer Erfahrungen mit Web-Browsern eine gewisse Erwartungshaltung gegenüber der Funktionalität dieser Bedienelemente. Es muss daher sichergestellt werden, dass diese sich so verhalten, wie es der Nutzer erwartet.

Förderlich für diese Eigenschaft ist eine hohe Homogenität des Systems. Sehen Bedienelemente mit einer bestimmten Funktion auf jeder Seite des Systems gleich aus und befinden sich an derselben Stelle, muss sich der Anwender nicht bei jeder Seite erneut die Frage stellen, was ein konkretes Bedienelement für eine Funktion hat. Weiterhin ist hierbei auch zu bedenken, dass die Erfahrungen der Anwender mit anderen Systemen eine große Rolle spielen können. Wird z.B. ein Button zum Drucken einer Seite angelegt, sollte dieser ein ähnliches Symbol haben, wie in anderen Anwendungen, mit denen ein Anwender bereits konfrontiert worden ist. (vgl. Hofmann, 2008)

Weiterhin sollte die Funktion eines Bedienelementes, die sich basierend auf dem Aussehen und der Beschriftung des Elementes ergibt , den Erwartungen des Nutzers entsprechen. Wichtig ist hierbei, dass v.a. bei Symbolen eine Interpretation erfolgen muss. Aufgrund der Erfahrungen von Entwicklern und Nutzern kann diese Interpretation sehr unterschiedlich ausfallen.

„Ein Dialog ist individualisierbar, wenn das Dialogsystem Anpassungen an die Erfordernisse der Arbeitsaufgabe, individuelle Vorlieben des Benutzers und Benutzerfähigkeiten zulässt." (Handbuch Usability, 2007b)

BI-Systeme werden in Unternehmen von vielen verschiedenen Anwendergruppen genutzt. Diese verfolgen i.d.R. je nach ihrer Berufsgruppe auch unterschiedliche Ziele. So ist z.B. für einen Chefarzt einer Klinik die Erfüllung seines Leistungsplanes sehr wichtig, während für Mitarbeiter aus dem Rechnungswesen Finanzkennzahlen wie z.B. die Liquidität eine große Bedeutung haben. Betrachtet man die Forderung nach Aufgabenangemessenheit, so erwächst schnell die Idee, das System für die unterschiedlichen Nutzergruppen zu individualisieren, sodass jede Nutzergruppe schnellen Zugriff auf die, für sie relevanten Informationen, bekommt. Um dies zu gewährleisten, wäre es sogar denkbar, den Nutzern selber die Möglichkeit zu geben, sich ihre gewünschten Berichte und Kennzahlen selber zusammenzustellen.

Eine wichtige Anforderung an ein System ist es, dass es eine hohe Fehlertoleranz aufweist. Ein Komplettabsturz des Systems ist für den Anwender sehr unangenehm, da es ihn enorm negativ in seiner Arbeitsausführung beeinflusst. Weiterhin muss dem Anwender ein gewisser Handlungsspielraum in Bezug auf Eingabefehler gegeben werden. So muss z.B. sichergestellt sein, dass dem Anwender nicht die Möglichkeit gegeben wird, semantisch oder syntaktisch falsche Eingaben im System vorzunehmen, bzw. muss er auf die Fehlerhaftigkeit seiner Eingaben hingewiesen werden. Sollten dennoch falsche Eingaben gemacht werden, muss gewährleistet sein, dass dadurch nicht das gesamte System abstürzt. (vgl. Hofmann, 2008)

## 3.4 Bewertung

Anhand der Kriterien, welche in Abschnitt 3.3 vorgestellt wurden, werden die einzelnen Bestandteile des Systems analysiert. Das Ergebnis dieser Analyse wird strukturiert in Anlage 1 vorgestellt. Hier wurden die Vor- und Nachteile des bestehenden Systems im Hinblick auf das jeweilige Bewertungskriterium aufgelistet und daraus ein prozentualer Erfüllungsstand abgeleitet. Anhand der zuvor vorgenommen Gewichtung und des Erfüllungsstandes wurde für die jeweiligen Kriteriengruppen ein Gesamt-Erfüllungsstand ermittelt. Zur besseren Visualisierung des Ergebnisses der Ist-Analyse wird in Abbildung 2 das Stärken-Schwächen-Profil der eingesetzten Anwendung in einem Netzdiagramm dargestellt.

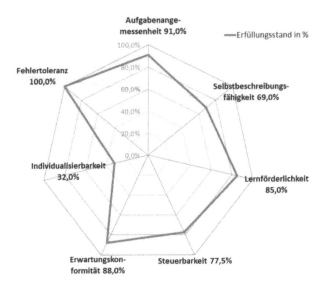

*Abbildung 2 - Stärken und Schwächen der Navigation im BI-System*

Wie leicht erkennbar ist, erfüllt das bestehende Navigationskonzept die Anforderung bereits recht gut. Dennoch bestehen in fast allen Bereichen Defizite, primär im Bereich der Individualisierbarkeit und der Selbstbeschreibungsfähigkeit.

Das größte Problem im Bereich der Individualisierbarkeit liegt darin begründet, dass der Nutzer aktuell keine Möglichkeit hat, die Berichte nach seinen Wünschen zu individualisieren. Z.B. wird diesem beim Starten des Systems ein Cockpit angezeigt, welches ihm alle relevanten Informationen in Form wichtiger Kennzahlen aus allen Unternehmensbereichen auf einen Blick anzeigen soll. Dieses Cockpit wird jedoch in gleichem Maße für alle Nutzer angezeigt und es besteht keine Möglichkeit für den Nutzer, die dargestellten Kennzahlen selbst auszuwählen. Dennoch werden bereits im bestehenden System einige Berichte mithilfe eines Berechtigungssystems nur bestimmten Nutzergruppen zugänglich gemacht. So dürfen sich z.B. Nutzer aus dem medizinischen Dienst keine Informationen zur Liquidität des Hauses ansehen – dementsprechend werden diese im Cockpit nicht angezeigt.

Die Schwäche im Bereich der Selbstbeschreibungsfähigkeit liegt primär darin begründet, dass im vorliegenden System nicht ersichtlich ist, an welcher Stelle innerhalb des Systems sich der Nutzer gerade befindet. Diese Forderung wurde als sehr wichtig eingestuft, da sie dem Nutzer helfen soll, sich einen besseren Überblick über die Zusammenhänge zu verschaffen. Da diese jedoch nicht erfüllt wird, verlieren die Nutzer häufig den Überblick und finden sich im System nicht zurecht. Auch die Kenntlichmachung von kritischen Werten zeigt noch einen starken Verbesserungsaufwand auf, da sie nicht immer semantisch sinnvoll ist. Z.B. werden Planübererfüllungen immer in der Farbe Grün dargestellt. Da dies aber nur in einem gewissen Rahmen wirklich als positiv anzusehen ist, kann die Gestaltung dieser Werte durchaus zu falschen Schlüssen führen.

Auch in fast allen anderen Bereichen (ausgenommen dem Bereich der Fehlertoleranz) bestehen Defizite, welche sich aus der Unstimmigkeit des Gesamtkonzeptes des vorliegenden BI-Systems ergeben. Primär liegen diese in der Heterogenität des Systems begründet, welche durch die historische Weiterentwicklung entstanden ist.

# 4 Konzept

## 4.1 Zielsetzung

Zielsetzung dieses Konzeptes ist es, basierend auf dem Stärken-Schwächen-Profil, welches im Kapitel 3.4 erstellt wurde, ein schlüssiges Gesamtkonzept für eine neue, homogene und intuitiv verständliche Navigation im BI-System der SKGR zu erstellen. Dieses Konzept soll einen möglichst optimalen Erfüllungsgrad in den einzelnen Kriteriengruppen erreichen, welche in der Ist-Analyse beurteilt wurden. Da das System bereits viele der gestellten Forderungen erfüllt, werden im Konzept für das neue System auch die bestehenden, als positiv eingeschätzten Faktoren, beibehalten, sofern diese in das Gesamtkonzept passen.

Um dieses Ziel zu erreichen, werden die einzelnen Kriteriengruppen, welche in Kapitel 3.3 vorgestellt wurden, im Kapitel 4.2 nacheinander analysiert und es wird ein Lösungsansatz präsentiert, welcher die ermittelten Nachteile in allen Bereichen vermeiden soll, ohne dabei neue zu schaffen. Anforderungen, die bereits zufriedenstellend implementiert worden sind (eine Zielerreichung von 100% erreicht haben – vgl. Anlage 1), werden im Kapitel 4.2. nicht vorgestellt, sofern kein Konflikt mit dem Gesamtkonzept besteht.

## 4.2 Lösungsansatz

*Aufgabenangemessenheit*

*Ersichtlichkeit des Informationspfades*

Der Hauptkritikpunkt im Hinblick auf die Aufgabenangemessenheit des Systems besteht darin, dass nicht alle Elemente eine Funktionalität aufweisen, bei denen dies der Nutzer vermuten könnte. Ein häufig vertretenes Element im BI-System sind Diagramme, welche dem Nutzer in visueller Form mögliche Probleme aufzeigen sollen. Im derzeitigen System handelt es sich bei den Diagrammen um statische Bilder, die zum Zeitpunkt des Aufrufs eines Berichtes vom Webserver erzeugt

19

werden. Als Beispiel soll hier das Diagramm aus dem Managementcockpit dienen, welches dem Nutzer den Verlauf der Bettenbelegung innerhalb der letzten 14 Tage aufzeigt (vgl. Darstellung des aktuellen Cockpits in Anlage 2). Ziel dieses Diagrammes soll es sein, dem medizinischen Personal detailliert und schnell aufzuzeigen, ob auf einer bestimmten Station noch Betten frei sind. Dieses Ziel wird zwar erreicht, aber der Nutzer muss dennoch an einer anderen Stelle nachsehen, in welchem Zimmer noch Betten belegbar sind. An dieser Stelle wäre es sehr zweckdienlich, wenn der Nutzer einfach auf den entsprechenden Diagrammbalken klicken könnte und ihm eine Liste der leeren Betten nach Zimmer angezeigt würde.

Um dieses Problem zu lösen, sollen im neuen System interaktive Diagramme eingesetzt werden. Diese ermöglichen allgemein eine bessere Information im System, da der Nutzer somit besser detaillierte Informationen zu bestimmten Sachverhalten erhalten kann. Eine Herausforderung die sich hierbei umgehend stellt, ist die Tatsache, dass ein Web-Browser bislang keine nativen Möglichkeiten zur Implementierung solcher Elemente besaß. Dank dem aktuellen HTML5 Standard, den das W3C[1] derzeit entwickelt, ist jedoch die Implementierung von dynamischen Grafiken möglich (vgl. W3C, 2012). Auch wenn dieser Standard noch nicht fertiggestellt wurde, unterstützen schon heute die meisten gängigen Web-Browser in ihren aktuellen Versionen die Funktionen von HTML5. Weiterhin wurden bereits diverse Bibliotheken entwickelt, welche es auf einfache Weise ermöglichen, dynamische Diagramme in Web-Browser einzubinden, die den neuen HTML5 Standard unterstützen. Ein Beispiel, welches im Rahmen dieser Arbeit auf seine Tauglichkeit für das BI-System getestet wurde, ist die RGraph-Bibliothek. Diese wurde von Richard Heyes entwickelt und bietet alle benötigten Funktionalitäten für das BI-System (vgl. RGraph, 2012). Der einzige Nachteil an dieser Vorgehensweise besteht darin, dass alle Client-Rechner eine aktuelle Browserversion benötigen, und dass JavaScript auf den Rechnern aktiviert sein muss. Dies stellt für die SKGR kein Problem dar.

---

[1] W3C = WWW Consortium – Das Gremium, welches mit der Standardisierung von Technologien im World Wide Web beauftragt ist.

Das Antwortzeitverhalten im System ist relativ gut, weist jedoch v.a. bei sehr großen Datenbankabfragen noch einige Defizite auf. Aufgrund der Tatsache, dass es sich hierbei um ein sehr umfangreiches Problem handelt, welches eines großen Aufwands zur Optimierung bedarf, wird dieses Verhalten im Rahmen dieser Arbeit nicht berücksichtigt. Des Weiteren handelt es sich hierbei nur im weiteren Sinne um eine Eigenschaft des Navigationskonzeptes. Der Erfüllungsstand kann daher vorerst nicht verbessert werden.

*Selbstbeschreibungsfähigkeit*

*Ersichtlichkeit der Position innerhalb des Programmes*

Wie in Kapitel 3.4 bereits dargestellt, besteht aktuell das Problem, dass für den Nutzer nur aus dem Kontext heraus ersichtlich ist, an welcher Stelle er sich innerhalb des Programmes befindet. Dies liegt primär darin begründet, dass die Hierarchie des Systems aufgrund der historischen Ausdehnung der Funktionalität keinen klaren Überblick über die zugrunde liegende Berichtshierarchie erlaubt. Für den Nutzer ist dies sehr verwirrend, da er sich selbst ein mentales Modell der Seite erstellen muss, welches nicht zwangsläufig mit dem tatsächlichen Modell des BI-Systems übereinstimmt (vgl. Lynch & Horton, 2009).

Aufgrund dessen werden auf vielen Internetseiten sogenannte Sitemaps eingesetzt, die dem Nutzer visuell darstellen, wie die Seite aufgebaut ist. Eine ähnliche Technologie soll auch im vorgestellten System implementiert werden. Aufgrund der unterschiedlichen Anforderungen an ein BI-System soll diese Sitemap jedoch mehr Informationen enthalten. Ein möglicher Entwurf für ein solches System wird in der Abbildung 3 dargestellt.

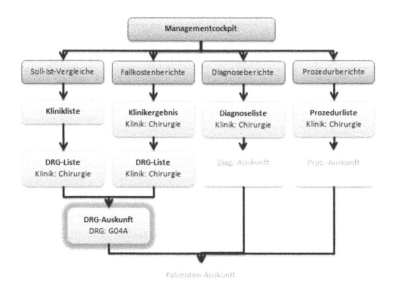

*Abbildung 3 - Konzept für BI-Sitemap*

Dieser Entwurf stellt einen kleinen Ausschnitt der geplanten Sitemap dar. Neben der Darstellung der Hierarchie des Systems zeigt sie dem Nutzer auch visuell auf, an welcher Stelle er sich gerade befindet (im Beispiel ist die DRG-Auskunft aktiv – erkennbar am grünen „Leuchten"). Weiterhin werden bei jedem aufrufbaren Bericht die Parameter angezeigt, mit welchen dieser aufgerufen würde, sofern der Nutzer darauf klickt (im Beispiel würde die Diagnoseliste für die Klinik Chirurgie aufgerufen werden).

Einige der Berichte sind blasser dargestellt als andere. Das liegt daran, dass der Nutzer den entsprechenden Bericht nicht aufrufen kann, da nicht alle nötigen Parameter bekannt sind. Im vorliegenden Beispiel wäre dies u.a. die Patientenauskunft, da der Nutzer noch keinen Patienten ausgewählt hat.

Um dem Nutzer jederzeit über seine Position zu informieren, wird über jedem Bericht die aktuelle Position in Form eines Textes stehen, wie es auf vielen

Webseiten üblich ist. Direkt neben diesen Text wird dann ein Button platziert, der die Sitemap öffnet. Dies wird in Abbildung 4 dargestellt.

Soll-/ Ist-Vergleiche | Klinikliste > DRG-Liste > DRG-Auskunft

*Abbildung 4 - Positionsindikator*

*Bedingte Formatierung von Elementen*

Eine wichtige Aufgabe von BI-Systemen ist es, dem Nutzer auffällige Werte schnell ersichtlich zu machen. Dies ist ein wichtiger Bestandteil in Berichten, der zwar bereits implementiert ist, aber noch nicht zufriedenstellend funktioniert. Derzeit werden wertmäßig positive Abweichungen i.d.R. grün dargestellt (um einen positiven Zusammenhang zu symbolisieren) und negative in der Farbe Rot. Dies ist jedoch nicht immer zweckmäßig und wird aufgrund der hohen Durchdringung des Systems mit diesem Sachverhalt oft von den Nutzern übersehen. Um diesen Sachverhalt zu optimieren, soll die Färbung des Textes durch eine Ampelfunktion ergänzt werden, welche den Nutzer über stark auffällige Werte alarmieren soll. Weiterhin müssen auch die Algorithmen zur Ermittlung der Färbung verbessert werden.

*Lernförderlichkeit*

*Homogenität des Systems*

Die Verwendung homogener Elemente hat sich als sehr nützlich im Hinblick auf die Lernförderlichkeit erwiesen. Hat der Nutzer ein bestimmtes Element in einem konkreten Bericht benutzt, ist ihm intuitiv klar, dass dasselbe Element in einem anderen Bericht dieselbe Funktion erfüllt. Somit muss er nur einmal die Funktionalität eines konkreten Elementes verstehen.

Problematisch ist hierbei jedoch, dass sich das Hauptmenü, welches als primäres Navigationselement fungieren soll, nicht permanent für den Nutzer zur Verfügung steht. Diese Entscheidung wurde aufgrund der Tatsache getroffen, dass einige Berichte sehr viel Platz benötigen, den die (damals recht kleinen) Displays der Benutzer kaum bieten konnten. Dies ist insofern kritisch, als dass die Nutzer sich aufgrund der Abstinenz des Hauptmenüs nicht mehr zurechtfinden, bzw. erst umständlich zum Hauptmenü „zurücknavigieren" müssen, wenn sie dieses benutzen möchten. Dies stellt einen starken Verstoß gegen die Forderung nach Homogenität dar (vgl. Kapitel 3.3).

Aufgrund dessen muss das Hauptmenü in der neuen Version permanent angezeigt werden. Problematisch hierbei ist, dass (bedingt durch die Einführung von Tablet-PCs im Unternehmen) noch immer viele Endgeräte verwendet werden, welche die Berichte nicht in ihrer vollen Breite anzeigen können. Als Lösung für dieses Problem wird eine Repositionierung des Hauptmenüs vorgenommen. Wie aktuelle Studien der eResult GmbH zeigen, haben sich die Nutzer von Internetanwendungen im Laufe der letzten Jahre recht stark daran gewöhnt, dass die Primäre Navigation nicht nur auf der linken Seite einer Webseite, sondern auch am oberen Bildschirmrand zu finden ist (vgl. eResult, 2010). Dies hat den Vorteil, dass breite Berichte dargestellt werden können, ohne dabei auf die Präsenz des Hauptmenüs verzichten zu müssen. Wichtig ist v.a., dass horizontale Scroll-Balken auf dem Bildschirm vermieden werden. Spätestens, wenn der Nutzer in zwei Richtungen scrollen muss, wird das Betrachten von Berichten sehr unangenehm, da er nicht mehr alle Informationen auf einen Blick erkennen kann.

*Abbruch von gestellten Abfragen*

Diese Möglichkeit ist derzeit noch nicht implementiert. Hat der Nutzer eine Abfrage gestartet, muss er warten, bis der Bericht vollständig geladen ist. Dies ist v.a. bei Abfragen sehr störend, die sehr viel Zeit für ihre Fertigstellung benötigen. Aufgrund dessen muss dem Nutzer in der neuen Version die Möglichkeit gegeben werden, die Abfragen abzubrechen. Dies wird realisiert, indem dem Nutzer beim Starten einer Abfrage umgehend ein Ladebildschirm gezeigt wird, auf dem auch ein Button zum Abbrechen der Abfrage vorhanden ist. Dieser wird beispielhaft in der Abbildung 5 dargestellt.

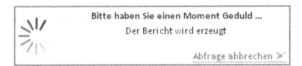

*Abbildung 5 - Beispiel für Abfragebenachrichtigung*

*Zurücksetzen von Formularen*

Formulare, in denen der Nutzer die Parameter für Berichte einstellt, verwenden voreingestellte Standardparameter. Hat der Nutzer die Parameter geändert, kann er diese nur von Hand auf ihre Standardwerte zurücksetzen. Um dieses Problem zu beheben, soll ein „Zurücksetzen"-Button in allen Formularen implementiert werden, der diese Arbeit vereinfacht.

*Verwendung globaler Parameter*

Hat der Nutzer in einem Bericht bestimmte Parameter ausgewählt, sind diese auch in anderen Berichten voreingestellt. Dies ist sehr vorteilhaft, da der Nutzer sonst bei jedem Bericht die Parameter, wie z.B. den Zeitraum, neu auswählen müsste. Aufgrund dessen wird diese Technik weiterhin angewandt.

Nachteilhaft ist derzeit, dass die meisten Parameter nicht direkt im Bericht geändert werden können, sondern dass der Nutzer hierzu einen Umweg über ein Menü gehen muss. Aufgrund dessen muss eine Möglichkeit geschaffen werden, mit deren Hilfe der Nutzer jederzeit die Parameter ändern kann, ohne den Bericht zu verlassen. Eine Möglichkeit dies zu realisieren besteht in der Verwendung von interaktiven Überschriften, wie sie z.b. im Management Cockpit verwendet wird. Hier kann der Nutzer einfach mithilfe eines Listenfeldes in der Überschrift die Klinik ändern, für die der Bericht angezeigt wird (vgl. Anlage 2). Diese Technik wird in der neuen Version konsequenter angewandt, sodass in allen Berichten alle Parameter über diese Art und Weise verändert werden können. Nachteilhaft ist daran jedoch, dass nicht alle Parameter zentral an einer Stelle änderbar sind und der Nutzer erst alle Einstellungsorte für Parameter visuell auffinden muss.

Daher wird zusätzlich zu dieser Technik auch eine „Parameter-Box" implementiert, in der alle Parameter untereinander aufgelistet sind (und auch dementsprechend manipuliert werden können). Um Platz zu sparen soll die Parameterbox jedoch nicht permanent angezeigt werden. Zum besseren Verständnis wird diese Box beispielhaft in der Abbildung 6 dargestellt.

*Abbildung 6 - Beispiel für Parameterbox*

Zunächst wird dem Nutzer permanent am rechten Bildschirmrand eine Schaltfläche angezeigt, mit der er die Box öffnen kann (in der Abbildung links dargestellt). Sobald er auf diese Schaltfläche klickt, öffnet sich die Parameterbox und er kann seine Einstellungen vornehmen (in der Abbildung rechts dargestellt). Mit Hilfe dieser Technik hat der Nutzer eine bessere Kontrolle über die Berichte, da er ihren Inhalt sehr flexibel manipulieren kann, ohne dabei umständlich navigieren zu müssen.

*Erwartungskonformität*

*Funktion der Bedienelemente direkt ersichtlich*

Neben den allgemein bekannten Symbolen existieren auch komplexere Elemente, deren Funktionalität nicht mit einem bekannten Symbol beschrieben werden kann. Hier reichen Symbole meist nicht aus, um den kompletten Sachverhalt zu erklären, bzw. werden sie häufig einfach übersehen. Aufgrund dessen müssen diese Elemente besser als Steuerelement erkenntlich gemacht werden. Ein Beispiel hierzu wäre die Funktionalität zur Anzeige von Entwicklungsdiagrammen, welche vom Management-Cockpit aus aufgerufen werden können (vgl. Anlage 2). Einige Diagramme können hierbei direkt im oberen rechten Kasten aufgerufen werden, größere Diagramme zu den einzelnen Kennzahlen können über die Diagramm-Symbole neben der Abweichungs-Spalte angezeigt werden. Diese Funktionalität ist für die meisten Nutzer jedoch nicht ersichtlich. Im neuen System soll daher auf derartige Symbole verzichtet werden. Diese werden durch interaktivere Elemente ersetzt. Im vorliegenden Beispiel wäre der Einsatz von Sparklines denkbar. Hierbei handelt es sich um kleine Diagramme, die in einer Tabellenzelle angezeigt werden und dem Nutzer nur einen groben Überblick über mögliche Entwicklungstrends zu geben. Sie enthalten keinerlei Informationen über die Diagrammachsen, sondern sollen lediglich einen Trend erkennbar machen. Durch einen Klick auf die Sparkline wird dann im Diagramm-Kasten eine größere, detaillierte Version des Diagramms dargestellt.

*Nutzer können sich Berichte selber zusammenstellen*

Diese Möglichkeit ist derzeit nicht gegeben, was dazu führt, dass z.b. im Management Cockpit nicht für alle Benutzer nur relevante Berichte angezeigt werden. Daher wurde geprüft, ob es Möglichkeiten gibt, mit der verwendeten Technologie ein derartiges Instrument zur Verfügung zu stellen. Diese Prüfung ergab, dass es derzeit keine Möglichkeiten gibt, welche gut in das neue Navigationskonzept und zur verwendeten Technologie passen, weswegen diese Möglichkeit nicht implementiert werden kann. Auch hier wird der Erfüllungsstand nicht erreicht. Allerdings soll durch eine verbesserte Modularisierung des fertigen Systems erreicht werden, dass evtl. zukünftig verfügbare Methoden in das System implementiert werden können.

*Differenzierte Berichte nach Benutzergruppen*

Um den Nachteil der fehlenden Individualisierbarkeit zu kompensieren, werden als Kompromisslösung den Nutzern je nach Nutzergruppe individualisierte Berichte vorgegeben. Diese Konfektionierung soll jedoch nur im Rahmen des Management-Cockpits erfolgen. Die übrige Struktur soll davon nicht beeinflusst werden, da durch die hohe Berichtsvielfalt ein zu hoher Wartungsaufwand benötigt wird. Weiterhin sollen die Nutzer zumindest die Möglichkeit haben, sich Berichte aus allen Themengebieten anzusehen, sofern sie die entsprechende Berechtigung dazu haben.

Eine Umfrage der TDWI Research Group unter 495 Unternehmen ergab, dass der Einsatz von strukturierten Cockpit-Ansichten, wie sie die SKGR einsetzt, in 90% der Fälle zu einem mindestens moderat positiven Effekt auf die Unternehmen geführt hat (vgl. Eckerson, 2009, S. 9). Dies deckt sich auch mit den Erfahrungen der SKGR, weswegen dieser Programmteil unbedingt beibehalten, jedoch optimiert werden soll.

Um zu gewährleisten, dass die Nutzer die passenden Berichte im Cockpit vorfinden, wird eine Projektgruppe gegründet, welche sich aus allen Berufsgruppen zusammensetzt. Somit haben die Nutzer Gelegenheit, ihre eigenen Erfahrungen und Anforderungen in die Gestaltung des Management-Cockpits einfließen zu lassen. Dies setzt jedoch eine modulare Architektur des Cockpits voraus, welche sich leicht strukturieren lässt und auch eine Vielzahl von Kennzahlen präsentieren kann, ohne dabei die Forderung nach Übersichtlichkeit zu verletzen. Hierzu sollen auch im Cockpit die Tabbed Reports[1] eingeführt werden. Ein Beispiel für die aktuelle Implementierung dieser Berichtsart wird am Beispiel eines Berichtes für ein konkretes Krankheitsbild in der Anlage 3 dargestellt. Somit wird ermöglicht, Kennzahlen aus den unterschiedlichsten Themengebieten in übersichtlicher Form darzustellen.

## 4.3 Beurteilung

Der präsentierte Lösungsansatz erfüllt die Zielstellung des Konzeptes, einen hohen Erfüllungsgrad in allen betrachteten Kriteriengruppen zu erreichen. In fast allen Kategorien werden die Anforderungen zu 100% durch das neue Konzept erfüllt. Einzig im Bereich der Individualisierbarkeit konnte kein zufriedenstellendes Ergebnis erreicht werden, da keine Methodik gefunden werden konnte, mit deren Hilfe sich die Nutzer selbst Berichte zusammenstellen können, ohne dabei einen kompletten Wechsel der Basis-Technologie vorzunehmen.

In allen anderen Belangen vermeidet das neue Konzept die Nachteile des bestehenden Systems, ohne nennenswerte neue Nachteile zu schaffen. Problematisch hieran ist, dass die Änderung des Navigationskonzeptes eines umfangreichen Programmieraufwandes bedarf. Allerdings plant die SKGR die Anschaffung eines neuen Klinik-Informationssystems (KIS), welches zur Verwaltung der Patientendaten dient und die Hauptdatenbasis für das Berichtssystem darstellt. Da das bestehende System eine sehr monolithische Architektur aufweist, muss das

---

[1] Von engl. tab (dt. Karteikartenreiter) – Informationen werden ähnlich wie in Karteikarten organisiert und präsentiert. Der Nutzer kann somit schnell einen Drill-Across durchführen.

System bei der Einführung des neuen KIS ohnehin stark angepasst werden. Die Einführung des neuen Navigationskonzeptes kann somit als Chance genutzt werden, das System bereits im Vorfeld der KIS-Umstellung modularer zu strukturieren, wodurch der Umstellungsaufwand beim Einsatz des neuen KIS stark reduziert wird.

Das Konzept stellt eine verhältnismäßig kostengünstige Variante dar, mit der das vorliegende Problem zufriedenstellend gelöst werden kann. Da das neue Konzept vom Autor dieser Arbeit umgesetzt wird, entstehen der SKGR keine zusätzlichen Aufwendungen, wie es z.B. bei der Anschaffung eines externen Systems der Fall wäre. Weiterhin wird der Wartungsaufwand des Systems aufgrund der besseren Modularisierung als geringer eingeschätzt.

# 5 Kritische Schlussbetrachtung

## 5.1 Betrachtung des Konzeptes

Hauptvoraussetzung für die erfolgreiche Umsetzung des Konzeptes ist eine ausreichende Freistellung des Autors dieser Arbeit, um das neue System entwickeln und testen zu können. Der Entwicklungsaufwand wird hierfür sehr hoch eingeschätzt. Hieraus ergibt sich weiterhin das Problem, dass eine gute Dokumentation der Implementierung vorgenommen wird, damit auch andere Mitarbeiter der SKGR in die Lage versetzt werden, etwaige Änderungen am System vorzunehmen, welche sich aus der Änderung von gesetzlichen Rahmenbedingungen oder veränderten Nutzeranforderungen ergeben können. Es muss dringend eine risikosichere Vertretungsregelung geschaffen werden, bevor das neue System implementiert werden kann, da sonst eine große Gefahr besteht, wenn das gesamte Hintergrundwissen zu dem System bei einer einzelnen Person ruht.

Ein weiterer kritischer Erfolgsfaktor besteht in der Beteiligung der Mitarbeiter aus den verschiedenen Berufsgruppen. Die Qualität der Berichte wird maßgeblich von der Expertise bestimmt, den die beteiligten Mitarbeiter in deren Anforderungsdefinitionen einfließen lassen. Auch hier muss eine ausreichende Freistellung der Mitarbeiter erfolgen, damit diese im Rahmen diverser Arbeitsgruppen Gelegenheit haben, Vorschläge und Kritiken anzubringen.

Ein gewichtiges Problem an diesem Konzept besteht darin, dass aus Zeitgründen keine ausführliche Analyse von Marktalternativen erstellt werden konnte. So ist nicht klar, ob es evtl. bereits kostengünstige, alternative Komplett-BI-Systeme gibt, die den Anforderungen der SKGR gerecht werden. Die zugrundeliegenden Informationen über alternative Systeme begründen sich hauptsächlich aus der Einschätzung des Autors und dem Management der SKGR. Eine detaillierte Marktanalyse wäre daher zweckmäßig gewesen, konnte aber nicht durchgeführt werden.

Weiterhin ist kritisch anzumerken, dass aus Platz- und Zeitgründen nicht detailliert auf die technische Umsetzung des Konzeptes eingegangen werden konnte. Die Umsetzbarkeit dieses Konzeptes ist aus Sicht des Autors zwar unkritisch, konnte aber aufgrund des abstrakten Aufbaus dieser Arbeit nicht näher erläutert werden. Daher wäre eine konkretere Darstellung der technischen Realisierung sehr nützlich gewesen.

Abschließend muss kritisch festgehalten werden, dass die Bewertung des bestehenden Systems prinzipbedingt sehr subjektiv ist. Es kann nicht abschließend behauptet werden, dass alle erdenklichen Probleme im Rahmen der Ist-Analyse aufgedeckt wurden.

## 5.2 Ausblick

Das Gesundheitswesen hat bisher bei den Anbietern von BI-Systemen eine eher untergeordnete Rolle gespielt, was nach Sicht des Autors primär damit zusammen-hängt, dass die Prozesse in den Krankenhäusern schlechter strukturiert und standardisiert sind, als es in Industrieunternehmen der Fall ist. Dies trifft v.a. auf die Entscheidungsfindung zu, da nur wenige Entscheidungen rein nach finanziellen Aspekten getroffen werden können. Aufgrund dessen waren Krankenhäuser in der Vergangenheit nicht immer sehr sparsam beim Einsatz ihrer finanziellen Mittel. Ein aktueller Trend, der primär auf die Umstellung des Abrechnungssystems im Jahre 2004 und die daraus resultierende Privatisierung einiger Häuser zurückzuführen ist, besteht darin, dass viele Krankenhäuser in finanzielle Probleme geraten. Aufgrund dessen achten diese nun vermehrt auf ihre finanzielle Situation und versuchen mehr Augenmerk auf die Qualität ihrer Entscheidungen zu werfen. Dies hat auch zur Folge, dass die Nachfrage nach BI-Systemen auch von Seiten der Krankenhäuser wächst.

Der Anstieg der Nachfrage nach BI-Systemen bleibt auch den Anbietern dieser nicht verborgen, weswegen sie nun versuchen, den Markt für Krankenhaus-BI-Systeme zu erschließen. Der Wettbewerb auf diesem Markt führt dazu, dass auch die

Systeme qualitativ besser werden und den Anforderungen der Krankenhäuser besser entsprechen. Aufgrund dessen ist anzunehmen, dass in der Zukunft auch BI-Systeme erstellt werden, welche ggf. die Bedürfnisse der SKGR besser erfüllen, als die derzeitige Individualentwicklung.

Inwiefern dieser Fall jedoch eintreten wird, kann derzeit jedoch nicht eingeschätzt werden. Es wird dementsprechend empfohlen, den Markt zyklisch nach neuen Systemen zu untersuchen und das derzeitige System ggf. abzulösen, sofern eine ökonomisch sinnvollere Alternative zur Verfügung steht.

# 6  Zusammenfassung

Zu Beginn dieser Arbeit wurde zunächst die Ausgangssituation dargestellt, in welcher sich die Unternehmen allgemein und die SKGR im Speziellen derzeit befinden. Es wurde festgestellt, dass die Fragestellung dieser Arbeit aufgrund der aktuellen Wettbewerbssituation von hoher Bedeutung und Aktualität ist.

Kapitel 2 befasste sich mit der Frage, was im Rahmen dieser Arbeit als BI-System angesehen wird und welche Operationen in einem BI-System erforderlich sind, um diverse Anforderungen an das Navigationskonzept besser verständlich zu machen.

Im Kapitel 3 wurde zunächst das betrachtete Unternehmen vorgestellt. Anschlie-ßend wurden Bewertungskriterien für Navigationskonzepte von BI-Systemen ermittelt, welche auf einer international anerkannten Norm basieren. Anhand dieser Bewertungskriterien wurde im Unternehmen eine Beurteilung des vorliegenden Systems vorgenommen. Im Ergebnis dieser Beurteilung wurde festgestellt, dass das eingesetzte Navigationskonzept die gestellten Anforderungen bereits gut erfüllt, jedoch in einigen Bereichen noch starke Defizite aufweist.

Um diese Defizite zu beseitigen, wurde im Rahmen des 4. Kapitels dieser Arbeit zunächst die klare Zielstellung, ein Navigationskonzept vorzustellen, definiert , welches alle im Rahmen der Ist-Analyse aufgefundenen Defizite vermeidet, ohne dabei neue zu schaffen. Ausgehend von dieser Zielstellung wurden nachfolgend in Kapitel 4.2. die einzelnen Defizite analysiert und nach Lösungsansätzen gesucht. Es konnten im Rahmen dieses Kapitels jedoch nicht für alle Kriterien Lösungen gefunden werden, welche das definierte Ziel vollständig erreichen und in das Gesamtkonzept passen. Dennoch genügt der vorgestellte Lösungsansatz den Anforderungen der SKGR, da beim größten ermittelten Defizit eine akzeptierte Kompromisslösung gefunden werden konnte.

Abschließend wurden das angewandte Vorgehen und die kritischen Erfolgsfaktoren, welche für dieses Konzept benötigt werden, kritisch gewürdigt. Die wesentlichen Voraussetzungen wurden vorgestellt und es wurde festgehalten, dass nicht mit Sicherheit gesagt werden kann, wie lange das vorgestellte Konzept im Unternehmen eingesetzt wird.

# Anlagen

## Anlage 1 - Beurteilung Navigationskonzept des BI-Systems der SKGR

| | Gewichtung innerhalb der Kategorie | Bewertung des eingesetzten BI-Systems | | Erfüllung in % |
|---|---|---|---|---|
| | | Vorteile | Nachteile | |
| **Aufgabenangemessenheit** | | | | **91,0%** |
| Ersichtlichkeit des Informationspfades | 40% | + Hervorhebung von funktionalen Elementen | - Nicht alle möglichen Elemente funktional | 80,0% |
| Priorisierte Anordnung der Informationen und Bereitstellung im richtigen Maß | 30% | + Präsentation stark aggregierter Werte in einer Cockpit-Ansicht, die dennoch Detailanalyse ermöglicht | | 100,0% |
| Möglichkeit zur individuellen Detailanalyse bereitstellen | 20% | + Drill-Down Verfahren für aggregierte Werte möglich<br>+ Drill-Across durch Tabbed Reports möglich | | 100,0% |
| Antwortzeitverhalten | 10% | + Bei fast allen Berichten < 5 sek.<br>+ Bei Detailberichten < 1 sek. | - Berichte mit enormer Datenmenge benötigen zwischen 30 und 60 sek. (werden nur selten benötigt) | 90,0% |
| **Selbstbeschreibungsfähigkeit** | | | | **69,0%** |
| Funktion von Bedienelementen direkt ersichtlich | 30% | + Symbole werden nur im geringen Maße verwendet<br>+ Durch Tooltips oder Hinweistexte werden komplexe Elemente erläutert | | 100,0% |
| Ersichtlichkeit der Position innerhalb des Programmes für den Nutzer | 50% | | - Position innerhalb des Programmes ist nur aus dem Kontext ersichtlich<br>- Keine Übersichtsdarstellung | 50,0% |
| Bedingte Formatierung von Elementen (Exception Reporting) | 20% | + Farbliche Gestaltung von Abweichungswerten und Diagramminhalten | - Farbliche Gestaltung ist nicht immer semantisch sinnvoll | 70,0% |
| **Lernförderlichkeit** | | | | **85,0%** |
| Schulungsaufwand | 50% | + Sehr geringer Schulungsaufwand, da System auf Web-Technologie basiert, welche den meisten Nutzern sehr bekannt ist | | 100,0% |
| Homogenität des Systems | 50% | + Verwendung homogener Elemente und Elementpositionierung | - Einige wichtige Elemente (wie z.B. Hauptmenü) sind nicht überall verfügbar | 70,0% |
| **Steuerbarkeit** | | | | **77,5%** |
| Abbruch von gestellten Abfragen | 10% | + Geringe Antwortzeit des Systems macht dies überflüssig | - Generell ist der Abbruch von Abfragen nicht möglich, was jedoch nur bei extrem aufwendigen Abfragen stört | 80,0% |
| Zurücksetzen von Formularen | 10% | | - Standardwerte für Parameter können nur von Hand eingestellt werden | 30,0% |
| Sortieren von tabellarischen Berichten | 15% | + Alle Tabellen, bei denen eine Sortierung Sinn macht, können sortiert werden | | 100,0% |
| Verwendung globaler Parameter | 45% | + System 'merkt' sich alle verwendeten Parameter berichtsübergreifend | - Ändern der Parameter (wie z.B. des Betrachtungszeitraumes) ist nicht aus jedem Bericht heraus möglich, Nutzer muss dazu Umweg über das Hauptmenü gehen | 70,0% |
| Verwendung des Zurück-Buttons im Browser | 20% | + Verwendung von JavaScript um Erwartung des Nutzers zu erfüllen | | 100,0% |

V

| | Gewichtung innerhalb der Kategorie | Bewertung des eingesetzten BI-Systems | | Erfüllung in % |
|---|---|---|---|---|
| | | Vorteile | Nachteile | |
| **Erwartungskonformität** | | | | 88,0% |
| Homogenität der Bedienelemente innerhalb des Systems und Einsatz bekannter Symbole | 40% | + Homogenes Aussehen der Elemente + Verwendung bekannter Symbole | | 100,0% |
| Funktion der Bedienelemente entspricht den Erwartungen des Nutzers | 60% | + Verwendung einfacher Symbole und Tooltipps | - Einige komplexe Elemente, deren Sinn sich dem Nutzer nicht sofort erschließt | 80,0% |
| **Individualisierbarkeit** | | | | 32,0% |
| Nutzer können sich eigene Berichte zusammenstellen | 20% | | - Nicht möglich | 0,0% |
| Differenzierte Berichte nach Benutzergruppen | 80% | + Wird in Ansätzen bereits praktiziert | - Eine volle Individualisierung findet noch nicht statt | 40,0% |
| **Fehlertoleranz** | | | | 100,0% |
| Möglichkeit von Falscheingaben | 70% | + Alle Eingaben von Parametern werden syntaktisch und semantisch geprüft, Nutzer erhält bei Falscheingabe detailierte Fehlermeldung | | 100,0% |
| Verhalten bei fehlerhaften Abfragen | 30% | + Abfragen werden mit entsprechender Fehlermeldung abgebrochen und Administrator wird über Fehler detailiert informiert | | 100,0% |

## Management Cockpit

**Gesamthaus (KHE-Bereich)**

Aufnahmen und Entlassungen von Januar bis November 2011
Plan: Vereinbarung
Ist: Bewertet mit Basisfallwert

> Bericht ausdrucken <

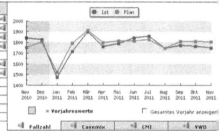

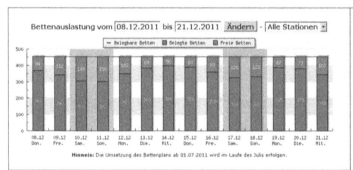

### Links zu Berichten:

Einweiserstatistik
Verweildaueranalyse
Einliegende Patienten

GuV:
Dez. 2010
Nov. 2011

Liquidität:
Stand: 21.12.2011 07:14

Deckungsbeitragsrechnung:
Dez. 2010
Sep. 2010
Sep. 2011

Belegungsstatistik:
Dez. 2010
Nov. 2011

Med. Bedarf:
Dez. 2010
Okt. 2011

Operationen:
Dez. 2010

Innerbetriebl. Lstg.-verrechnung:
Dez. 2010
Nov. 2011

Kostenstellenverzeichnis:
Stand: 21.12.2011 14:34

Kontenplan Klinikum:
Stand: 21.12.2011 14:34

# DRG-Ansicht: H64Z

**Erkrankungen von Gallenblase und Gallenwegen**

> **➤ Menü**

## Gesamtkrankenhaus – Aufnahmen und Entlassungen von Januar bis April 2012

**Plan:** Plan CA
**Ist:** Bewertet mit Basisfallwert

| Soll- / Ist | Kliniken |
|---|---|

| Katalogdaten | VWD-Analyse | Entwicklung | Diagnosen | **Prozeduren** | Patientenliste | Grouper Vorjahr | Fallkosten |
|---|---|---|---|---|---|---|---|

| Code △/▽ | Beschreibung △/▽ | Anzahl △/▽ |
|---|---|---|
| 1-440.A | Endoskopische Biopsie an oberem Verdauungstrakt, Gallengängen und Pankreas: 1 bis 5 Biopsien am oberen Verdauungstrakt | 5 |
| 1-632 | Diagnostische Ösophagogastroduodenoskopie | 5 |
| 3-225 | Computertomographie des Abdomens mit Kontrastmittel | 5 |
| 1-650.1 | Diagnostische Koloskopie: Total, bis Zäkum | 2 |
| 8-900 | Intravenöse Anästhesie | 2 |
| 1-449.2 | Andere Biopsie ohne Inzision an anderen Verdauungsorganen: Perianalregion | 1 |
| 1-771 | Standardisiertes geriatrisches Basisassessment (GBA) | 1 |
| 3-843 | Magnetresonanz-Cholangiopankreatikographie [MRCP] | 1 |
| 3-990 | Computergestützte Bilddatenanalyse mit 3D-Auswertung | 1 |
| 5-452.21 | Lokale Exzision und Destruktion von erkranktem Gewebe des Dickdarmes: Exzision, endoskopisch: Polypektomie von 1-2 Polypen mit Schlinge | 1 |

# Literaturverzeichnis

BARC. (November 2011). *Vollerhebung des Business-Intelligence-Softwaremarktes 2010.* Abgerufen am 2. März 2012 von http://www.barc.de/de/marktforschung/research-ergebnisse/bi-softwaremarkt-2010.html

Crasselt, N., Heitmann, C., & Maier, B. (1. März 2012). Update Controlling - Umfrage zum Stand der Umsetzung des Controllings in deutschen Krankenhäusern. *KU special - Gesundheitsmanagement,* S. 5ff.

Eckerson, W. (2009). *Performance Dashboards: Measuring, Monitoring, and Managing Your Business.* John Wiley & Sons.

Engels, C. (2009). *Basiswissen Business Intelligence.* W3L-Verlag.

eResult. (August 2010). *eResult GmbH.* Abgerufen am 27. Mai 2012 von http://www.eresult.de/downloads/downloads/ImageryIV_Studienband_kostenlos.pdf

Fritsch, W. (2011, Juni 9). *crn.de.* Retrieved Juni 5, 2012, from http://www.crn.de/software/artikel-90871.html

Hägele, C. (10. Februar 2004). *Universität Ulm.* Abgerufen am 23. April 2012 von http://www.mathematik.uni-ulm.de/sai/ws03/dm/arbeit/haegele.pdf

Handbuch Usability. (2007a). Retrieved April 8, 2012, from http://www.handbuch-usability.de/steuerbarkeit.html

Handbuch Usability. (2007b). Retrieved April 8, 2012, from http://www.handbuch-usability.de/individualisierbarkeit.html

Hofmann, B. (13. Februar 2008). Abgerufen am 24. März 2012 von Einführung in die ISO 9241-110: http://www.fit-fuer-usability.de/archiv/einfuehrung-in-die-iso-9241-110/

Lehner, F. (2009). *Wissensmanagement.* Carl Hanser Verlag.

Lynch, P., & Horton, S. (15. Januar 2009). *Web Style Guide - Site Structure.* Abgerufen am 15. Mai 2012 von http://webstyleguide.com/wsg3/3-information-architecture/3-site-structure.html

Pijpers, G. (2010). *Information Overload.* John Wiley & Sons.

RGraph. (15. Mai 2012). Abgerufen am 30. Mai 2012 von http://www.rgraph.net/docs/index.html

Schrödl, H. (2006). *Business Intelligence.* München: Carl Hanser Verlag.

SKGR. (2011). *Jahresabschlussbericht.*

W3C. (29. März 2012). Abgerufen am 30. Mai 2012 von http://www.w3.org/TR/html5/